Edmundo Farolán Romero

itinerancias
(comings and goings)

Edmundo Farolán Romero

Itinerancias
*(Comings
and
Goings)*

Carayan Press

2006

ITINERANCIAS
(Comings and Goings)

Primera Edición
First Edition

Copyright © 2006
by Edmundo Farolán Romero

Ilustración y diseño de cubierta/
Cover Art and Design: Edwin Lozada

ISBN-13: 978-0-9712066-4-9
ISBN-10: 0-9712066-4-3
Library of Congress Control Number: 2006926991

Carayan Press
PO Box 31816
San Francisco, California
94131-0816
www.carayanpress.com
carayan@carayanpress.com

Impreso en EE.UU.
Printed in the USA

itinerancias
*comings
and
goings*

Prologue

Some of these poems came from my published books of poems, *Lluvias Filipinas* (1967) and *Tercera Primavera* (1981); others were published in *Nuevo Horizonte* and *Nueva Era* from 1979-84 and some came from *2000 versos* (2000) and *Nuevas Poesías* (2004), collections published in the internet through *Guirnalda Polar*; and the rest, unpublished and translated freely to English in this collection.

With the popularity and economy of internet publishing, printed publications are slowly going out of style. But there's nothing like having a book, especially poetry, in your hand and reading from it.

I'd like to take this opportunity to thank Edwin Lozada for facilitating the publication of this collection; to Dr. García Castellón for his exquisite introduction; and finally, to Gilbert and Percival Centina in New York for pushing and inspiring me to go ahead with this publication.

E.F.R.

Introduction:
The Comings and Goings of Hispanofilipino poet Edmundo Farolán.

Hispano-Philippine poet, Edmundo Farolán, presents in this edition a collection of verses which, according to him, go back from the days of his youth in Madrid until the present day with his bilingual haikus. In between, he records his comings and goings as he navigates through life and different countries: Philippines, USA, Canada, England, the Holy Land, Central Europe, Latin America...

In the first section, *2000 Verses*, his haikus constitute a series of streams of consciousness where the central character, God, takes him for a nostalgic ride. God is the center, God incarnated in the bicentennial Christ, a God of love, echoing Manuel Bernabe's *No más amor que el tuyo*. His linguistic hybrid stems from his American Anglo-Saxon and at the same time, Hispanic upbringing, a forceful criss-cross of languages and cultures.

In his travels, he nostalgically longs to return to the past: his Spanish

Prólogo

Algunas de estas poesías vienen de mis dos colecciones *Lluvias Filipinas* (1967) y *Tercera Primavera* (1981); otras publicadas en *Nuevo Horizonte* y *Nueva Era* de los años 1979-84; otras más de *2000 versos* (2000) y *Nuevas Poesías* (2004), colecciones publicadas en el internet por la redvista Guirnalda Polar; y los demás, inéditas y traducidas aquí en inglés.

Hoy día, el internet, por su alcance y economía, se está quedando más y más el instrumento de publicación, y la publicación tradicional está poco a poco perdiendo su popularidad. Pero para los de mi generación, no hay nada más interesante que tener un libro en la mano, en particular, un libro de versos, y leerlo.

Me gustaría tomar esta oportunidad de agradecerle a Edwin Lozada quien ha facilitado la publicación de este libro; al doctor García Castellón por su exquisita introducción y a Gilbert y Percival Centina en Nueva York, por haberme empujado e inspirado a seguir adelante con esta publicación.

E.F.R.

Introducción:
Edmundo Farolán, poeta hispanofilipino y de Itinerancias.

Edmundo Farolán, filipino hispanohablante presenta aquí una colección de versos que, según el mismo poeta, abarcan desde su juventud en un Colegio Mayor madrileño hasta sus recientes haikus bilingües (español-inglés). En medio hay recordadas vivencias, querencias, emociones, singladuras en el navegar de la vida cual son Filipinas, Estados Unidos, Canadá, Inglaterra, Tierra Santa, Europa Central, nuestra América hispánica...

En *2000 versos*, los haikus constituyen una serie de girones de *stream of consciousness* en los que un personaje principal, Dios, se pasea como en un jardín de suaves y nostálgicos vapores. Se le ha dado a Dios su lugar, Dios encarnado en el Cristo bimilenario, Dios Amor de los Amores, sobre todo en una línea que intertextúa un himno religioso del poeta Manuel Bernabé: *No más amor que el tuyo*. Con esto, Farolán parece querer inscribirse en el linaje de la poesía filipina en español, si bien no ha querido editar los espontáneos fenómenos de hibridez

grandfather, the transmitter of race and language; a large, happy family; the Philippine landscape, humid with rains and perfumed with *kamuning* and *sampaguita* flowers....

His native land is distant in time and in spirit, but the poet plows through philosophically, in the night streets of Manila, or sensing God among coconut trees in his poem *Palawan*. In 1982, during his sojourn in Manila, he sounds off a poem for friends who fought for the ideals of social justice (*Reunion, To Edmundo García*). He longs for the warmth of the Malayan forests, the aroma of Ilocano tobacco, rice and the orange fields close to Poro point (*I have to return*). But at the same time, in another poem, he contradicts himself: "I say I need to return. For whom? / For no one. There's no one. They're no longer there..." (*I need to return*). And in another: "Only the scars remain / the scars of the beaches of my childhood, / when sea and sand mixed / forming words of hope..." (*Bitterness*).

His soul is brought back to life with his Spanish travels, with the brilliant colors of Andalusia, Valencia and the Baleares: "where my blueness mixes with the sky" (*I Am*). In contrast to the snows of Canada, his adopted country, which one day will cover the tomb of the poet, a place he refers to as "Nothing like the sweetness of honey. What am I doing here in Canada?" (*55 minutes*). And Vancouver is a "city of despair" (*Vancouver*). He feels the same way for European cities—one of melancholy: London is heartless and cold (*London*); Paris is also sad in a lost Christmas (*Poems of a traveller, 1965-67, Paris*).

His Hispanicism is evident in his faith for his Latino brothers:: "Here we are, talking, my friend, of Latino joy, / because we're Latinos, / and we like to enjoy life." (*Joy, To Bruno Tesolin*). The poems written in Colombia (*Colombian cities, Bogota*) evoke images from frescoes and murals: people selling in the streets, prostitutes, the *cumbia* and the *vallenato*, people drinking in bars, mountains and "fire trees in the distance." The poem written in Mexico exudes fraternal warmth, as well as the poem for Argentina, a cry for solidarity in Argentina's attempt to get back the Falkland Islands from the British.

In his final section *Karvina 2003-2004* he accentuates the romantic, from the chaotic he returns to the more formal and measured discourse. The melancholy for loves that got away, the nostalgia for his exuberant youth, his passionate admiration of Slavic women...and ending with his final poem of interior peace, ending the cycle of his comings and goings: "The traveller

lingüística o *languages in contact*, en los que el inglés subyace a veces al español. Al fin y al cabo, Farolán es un trasterrado más en la América anglosajona, y lo que podría parecer solecismo no sería más que testimonio del forzado cruce de lenguas y culturas.

En su paseo por la piel del mundo, aparece ante todo la nostalgia de volver a lares perdidos: la imagen de un abuelo español, transmisor de lengua y raza; una dilatada y feliz familia; el paisaje filipino, húmedo de lluvias y perfumado de *kamuning* y sampaguita ... A fuerza de errar, la patria natal queda bastante lejana, tanto en el tiempo cuanto en el espíritu, pero ahí está el poeta para, surcando lo imposible, pasear filosófico en la noche las calles de Manila o, en Palawan, sentirse elevado hacia Dios a imagen y semejanza del alado cocotero (*Palawan*). En 1982, estando en Manila, exclama un melancólico *ubi sunt* por amigos e ideales de justicia (*Reunión, A Edmundo García*). Anhela la tibieza de los bosques malayos, los aromas de tabaco ilocano, naranjos y arrozales junto al mar de Poro (*Tengo que volver*). Pero en otro poema ve rotos todos los rubicones: "Y digo que debo volver. ¿A qué? / A nadie. No hay nadie. No existen más..." (*Debo volver*). Y en otro: "Sólo quedan las cicatrices / las cicatrices de las playas de mi niñez, / cuando el mar y la arena se mezclaban / formando palabras de esperanza..." (*Amargura*).

El alma se le anima en su periplo español, donde brilla la luz andaluza, valenciana, balear: "donde mi traje azul se mezcla con el cielo..." (*Soy yo*). Todo en contraste con las nieves de Canadá, país adoptivo, las cuales algún día ocultarán la tumba del poeta, y lugar donde exclama: "Nada de la dulzura de la miel. ¿Qué estoy haciendo aquí en Canadá?"(*55 minutos*). Y Vancouver es "ciudad de la desesperanza" (*Vancouver*). De igual manera, el sentimiento de las ciudades europeas es de melancolía: Londres le aparece exánime y fría (*Londrés*); París también es triste en una perdida Navidad (*Poesías de un viajero, 1965-67, "Paris"*).

Hispano-filipino, no duda en hacer profesión de fe en su latinidad: "Aquí hablamos, amigo, de la alegría latina, / porque somos latinos, / y celebramos la vida."(*Alegría, A Bruno Tesolin*). De Colombia (*Poesías de Colombia*) son ciertos poemas evocadores de frescos o murales: vendedores, negros, ancianos tahúres, prostitutas, bebedores de "tinto"...todo sobre un fondo de vallenato, montañas y "árboles de fuego en la distancia". México se le aparece especialmente fraterno, con velada alusión al mestizaje surgido durante el tiempo en que Filipinas era dependencia del Virreinato de la Nueva España ("*México*"). Argentina, en su lucha por recuperar las Malvinas, le arranca gritos de solidaridad ("*Argentina*").

returns to rest" and he returns to his pantheistic God assimilated in the sun and the rains and the seas where his soul finds true closure: "Mysterious God, / in your silence / you are radiant, majestic, / and I, a poor traveller, / looking for your hidden face, / I look towards the sea, / to contemplate your splendor and glory..." *(Retreat)*.

Edmundo Farolán is the last of the Filipino poets who uses Spanish as his lyrical language. His Spanish which has traces of English and Tagalog reaches out for the anecdotal, humorous, and the surreal. His Spanish is the Spanish still spoken in the Philippines by certain post-colonial elite families. It's refreshing and revitalizing and has become more so through his stays in Spain and Latin America and his Spanish contacts in North America. This is precisely what gives Farolan's poems an expressive freshness, and at the same time, an interesting cosmopolitan air.

We don't want to conclude without alluding to the obvious generational affinity of Farolan with those Spanish poets of the sixties who were identified as *Novísimos* (Experimentalists). The fact that Edmundo lived and wrote during this period in Madrid shows a style ranging from culturalism, neologism, and mechanism, to neo-surrealism and cosmopolitanism.... putting Philippine poetry in Spanish, which at one time stood still in time (with the exception of Manuel Bernabé and Federico Espino Licsi), with today's avant-garde.

Manuel García Castellón
(University of New Orleans)

En su sección final de *Karvina 2003-2004* revive el acento más romántico, al tiempo que el caótico fluir anterior deja paso a un discurso algo más formal y mesurado. La melancolía por amores ya inencontrables, la nostalgia del exuberante desvarío juvenil, rescoldos de pasión para admirar la belleza de las mujeres eslavonas... todo confluye hacia un poema final de paz interior, el cual parece cerrar ese ciclo en el que vida e itinerancia han coincidido. En efecto, "el viajero se retira para descansar" y vuelve al primus amor de Dios, un Dios casi panteísta, asimilado a soles, lluvias y mares, pero donde finalmente el alma halla su verdadero ámbito: "Dios místico, / en tu silencio / estás radiante, majestuoso, / mientras yo, pobre viajero, / buscando tu cara escondida, / miro el gran mar, / para contemplar tu esplendor y tu gloria..." *(Retiro)*.

Edmundo Farolán es el último de los poetas filipinos que utilizan el español como lengua lírica. Su castellano, que a veces tiene inflexiones del inglés, neologismos, o incluso citas tagalas, sabe también abandonarse al casticismo, a la anécdota, al humor, incluso a lo escatológico. Su castellano, que sin duda es vestigial (es decir, el español preservado en Filipinas en ciertas élites poscoloniales), ha podido refrescarse y vitalizarse con la estancia del poeta en España o América Latina, o con los contactos hispánicos en Norteamérica. Precisamente todo esto le da a la poesía de Farolán una gran frescura expresiva, así como una interesante variedad cosmopolita.

No queremos cerrar este proemio sin aludir a la evidente afinidad generacional de Farolán con aquellos poetas españoles que, escribiendo en los años sesenta, fueron agrupados bajo el título de los "Novísimos." Dado que Edmundo escribió y residió en Madrid por aquellos años, su poesía también muestra idénticas notas de culturalismo, neologismo, automatismo, neosurrealismo, cosmopolitismo.... Con ello, la poesía filipina en español, que tiempo atrás se detuviera y extendiera en anacronía modernista (con las excepciones de Manuel Bernabé o Federico Espino Licsi) se une a la más pura vanguardia.

Manuel García Castellón
(University of New Orleans)

2000 Versos

2000 Verses

40 Bilingual Haikus
40 Haikus Bilingües

1. *this unsettling feeling of waiting and time just passes so quickly*

    este sentir intranquilo de tener que esperar y el tiempo corre
    tan de prisa...

2. *is death this nothingness I've always feared or is it God waiting for me
   with open arms?*

    es la muerte esta nada que siempre temía, o es Dios quien me espera
    con sus brazos abiertos?

3. *life, love, lust, anguish, potents and potions of existence...*

    vida, amor, lujuria, angustia... potentes, y pociones de la existencia.

4. *2000 years celebrating christ in this jubilee year*

    2000 años celebrando a Cristo en este jubileo

5. *2000 verses, words, phrases, poetic mishmash*

    2000 versos, palabras, frases, tonterías poéticas

6. *2000 electronic digital internet words words numbers digital...
   what's this world coming to?*

    2000 palabras digitales del internet... palabras, números digitales...
    qué está pasando con este mundo?

7. *Erotic as youth was and as youth will always be, offsprings of my dna, clones of me, my children, how I miss you, how I love you, how I long for the innocence as you, carlos and alex, walked hand in hand in 1993, when I turned 50 and saw that beautiful innocence of your childhood...*

Erótico cual la juventud fue y siempre será, retoños de mi ADN, clones míos, mis hijos, cómo os echo de menos, cómo os quiero, cómo deseo esa inocencia, carlos y alex, cuando caminabais mano a mano en 1993, cuando llegué a los cincuenta, y en aquel momento encontré la bella inocencia de vuestra niñez...

8. *Colors fill my mind as I remember madrid and those paintings with dittborn and other artists at the colegio mayor guadalupe...is my mural still there after 35 years? Oh, those friends...amado, leandro, all the verses in my madrilenian youth...*

Los colores llenan mi mente al recordar madrid y aquellas pinturas con dittborn y otros artistas en el colegio mayor guadalupe... está allí todavía mi mural después de 35 años? ay, aquellos amigos... amado, leandro, todos los versos de mi juventud madrileña...

9. *I contemplate, I analyze, I reflect on sensitivity, how sensitive can I be as I count these days, these days here in huahin, thailand, webster, students, the academe...do I really need all this?*

Yo contemplo, yo analizo, yo reflejo la sensibilidad, qué sensible puedo ser mientras yo cuento estos días, estos días aquí en huahin, en tailandia, webster, los estudiantes, el ambiente académico... de verdad necesito todo esto?

10. *return to the philippines, or to spain, or to the best of these worlds, to look for those friends, friends I don't remember anymore...*

hay que volver a filipinas, o a españa, o al mejor de estos mundos, para buscar a esos amigos, amigos que ya ni recuerdo...

11. *I cry, I anguish, I grieve over my mother's death even if it was 11 years ago... madre solo hay una... and I weep and reminisce my childhood with her*

lloro. angustia dolorosa al recordar la muerte de mi madre... y eso que ya han pasado 11 años... madre sólo hay una y las lágrimas al rememorar mi niñez con ella.

12. *When I was 12 I was happy. I played prince john in the ateneo school play robin hood... I still remember alfredo arabit who played robin hood...where are you now, freddie, you were also a fan of james dean, I remember.*

era feliz cuando tenía doce años. yo era el príncipe juan en aquella obra teatral en el ateneo, robin hood... me acuerdo de alfredo arabit, la estrella de esa obra... dónde estás ahora, freddie, tú que eras un gran admirador de james dean ¿te acuerdas?

13. *I never enjoyed those teenage years, those difficult years of adjustment...I was too sensitive to go through those rough years...*

nunca me gustaron esos días de mi adolescencia, esos difíciles años de ajuste... era demasiado sensible para pasar por aquellos duros años

14. *PMA, oh how I longed to be in uniform and be a cadet in baguio, romantic baguio, baguio of my childhood, return to my roots... up in the mountains and down to the seas...palali, shall I ever live there or just dream of you?*

la academia militar, ay qué deseos tenía de estar en uniforme de cadete en baguio, romántico baguio de mi niñez, volver a mis raíces... allá en aquellas montañas y después bajar al mar... palali, ¿viviré ahí, o es sólo un sueño?

15. *no más amor que el tuyo... all that religiosity... father josol in nichols, and I was your sacristan... how you loved women and drink! and you said: "kid, I'm human"... how human indeed you were, father, a priest I admired because of your kindness despite all your weaknesses!*

"no más amor que el tuyo..." aquel poema de bernabé... toda aquella religiosidad... padre josol, allá en nichols, yo era su sacristán... cómo te gustaban las mujeres y el vino! y tú me dijiste: "hijo, soy humano..." y de veras lo eras, padre, tú, un cura que yo admiraba por su bondad y a pesar de todas sus debilidades

16. *move on to music, to drama...was it all worth it... all these talents, shall I return them to you threefold, o lord?*

música, drama... valía la pena todo eso?... todos esos talentos, habré de devolvértelos multiplicados por tres, señor?

17. *the hopes of youth in my 20s, then the despair in my 30s, the resurrection and the new rebirth in my 40s, and now, trying to return to the innocence and the virtues of my humanity in my 50s*

las esperanzas de mi juventud a los veinte, la desesperanza en mis treinta, la resurección y renacimiento en mis cuarenta, y ahora, tratando de volver a la inocencia de mi niñez y a las virtudes humanitarias a mis cincuenta

18. *I tire of this waiting...*

ya me cansa esta espera...

19. *grades, grades, grades... judging students & questioning them like a vietnam interrogator*

notas y notas estudiantiles... aquí, juzgando a mis alumnos como un interrogador vietnamita

20. *More zeroes to reach my goal...*

más ceros para alcanzar mi meta...

21. *lilet's death, oh, raul, how mortal are we...it is only in christ that we can be immortal*

la muerte de lilet, oh raul, qué mortales somos... sólo en cristo seremos inmortales

22. *Tea and sympathy... coffee, tea or me... soothing to the sick of heart*

té y simpatía... café, té, o yo... para aliviar dolores del corazón

23. *limitations, weaknesses, how terrible is this madness!*

limitaciones, debilidades, ¡cuán terrible esta locura!

24. *forgiveness, the christian beatitude of love, the be-all and end-all of things*

   el perdón, la virtud cristiana del amor, el todo de la totalidad

25. *I cannot move on as swiftly as I used to... age has caught up to me... I'm a decrepit old man*

   ya no me muevo con la celeridad de antes... es la edad... soy un viejo decrépito

26. *I cannot lift my head to god anymore... I`m tired and dying*

   ya no puedo alzar la cabeza hacia Dios... estoy cansado y muriendo

27. *remember those happy years of youth in the sixties with fatosh at my side*

   aquellos felices años de juventud, en los sesenta, con fatosh a mi lado

28. *those phd years in bowling green... benno and hamlet and those chronicles*

   aquellos años de doctorado en bowling green... benno y hamlet y aquellas crónicas...

29. *for god's sake! love lost! home, seek the eternal home!*

   ¡por amor de dios! ¡amor perdido! ¡hogar, busca el eterno hogar!

30. *let destiny shape you, or better still, let god shape you*

   que te forme el destino, o mejor dicho, sea dios quien te forme

31. *halt*   detente
    beyond   más allá
    the vicious   del bruto
    journey   viaje
    into   a
    eternity   la eternidad

32. *what else do I seek but peace*

¿qué otra cosa busco, sino paz?

33. *why bother with self-interests*

¿para qué molestarse con egoísmos?

34. *these are things of the mind*

eso son cosas de la mente

35. *of greed*

de la avaricia

36. *of heaven's doors closing*

de cuando se cierran las puertas del cielo

37. *this*

esto

38. *is*

es

39. *god's*

de dios

40. *love, in the everlastingness of words.*

el amor, en la eternidad de las palabras.

Chaam & Huahin When the Rains Begin

The rains come, the heat comes
Sand and blue sea
These years
These mem'ries
Of this passing transient life
Of sadness, happiness, pain, sickness
Life, what life?

Is it necessary to suffer?

All this that is Christ,
Endless persecution?

Sands, Thailand's sands,
Oriental sands
Asia, Asia
Sick with eternity.

Thailand, October 2000

Canada 2000

I arrive again. To this adopted land.
Cold. Cold with snow.
To rainy Vancouver.
My Canadian home.
Snowy mountains.
Salty air of the cold northwest Pacific
Where my ashes will be scattered
In the day of judgment.

Vancouver, December 2000

Chaam y Huahin cuando comienzan las lluvias

Viene la lluvia, viene el calor
la playa y el cielo azul
estos años
estos recuerdos
de mi vida pasajera
de toda vida pasajera
tristeza, alegría
dolor, enfermedad
vida, ¿qué vida?

¿es necesario sufrir?

¿es necesario todo esto,
esto que es Cristo,
persecución sin término?

playa, playa de tailandia
playas orientales
asia, asia
enferma con la eternidad

Tailandia, octubre 2000

Canadá 2000

llego otra vez a este país adoptivo,
frío,
frío con la nieve,
al lluvioso Vancouver,
mi hogar canadiense,
montañas de nieve,
aire salado del frío pacífico,
océano pacífico del noroeste,
adonde irán mis cenizas
cuando llegue mi día de juicio....

Vancouver, diciembre 2000

London

City of infidels
History listens
In Jack the Ripper streets
And Shakespeare's theatre.

Exactness and coldness
Of this city
Now multicultural
People with no Faith

Empty faces in the subway
City with no soul.

September 1999

Jerusalem

City where Christ lamented anguishly
And I now lament with him
Seeing the conflict
Of good and evil.

October 1999

Torment

Questions of insanity.
Crisis.
A world of sentimental idiots.
Love and hate.
God and nothingness.
Stop

Londres

ciudad de infieles
la historia escucha
entre las calles de Jack the Ripper
y el teatro de Shakespeare

la exactitud y la frialdad
de esta ciudad
ahora compuesta de la multiculturalidad
gente sin fe

caras vacías en el metro,
ciudad sin alma...

septiembre 1999

Jerusalén

Ciudad a la que
Cristo con pena
miró para lamentarla.

Y ahora yo me lamento con Él
a ver el conflicto
entre el bien y el mal,
ciudad contradictoria
del alma.

Octubre 1999

Tormento

cuestiones de locura
crisis
mundo de idiotas sentimentales
amor y odio
dios y la nada
punto parado

San Francisco of my confusion.
Live for anguish.
Live for love.

Write your torment, poet,
Write, suffer the pain of existence...

Metaphysical dreams.
Surrealistic.
I am engrossed in black dreams.

Stop.
Stop this madness.

San Francisco, 1974

Metro

Montreal, 1985

Metro in Montreal, remembering other metros
Madrid, Barcelona, Lisbon, Paris, Toronto, New York,
San Francisco, so many places, so many metros....

This metro that moves slowly
Then fast then slow again
Signs of life and death
Helplessness, solitude, so many solitudes,
So many forgotten things lacking in profound preparation:

Yield to browns and blues that stare at me decisionless on this day
called hearsay
Calling me like that solitary room in Madrid, Barcelona, so many places
Where the metro formed part of my solitary life.

A year. Then sadness. Crystalline sadness. Sentiments. Smiles.
Whiteness
Stuck in in an unexpected poem calling to me
Without my realizing the simplest existence of my ego.

san francisco de mi confusión
vivir para la angustia
vivir para el amor

escribe tus tormentos, poeta,
escribe, sufre el dolor de la existencia...

sueños metafísicos
surreales,
me ocupo con sueños
sueños negros...

¡para!
hay que parar
esta locura....

San Francisco, 1974

Metro

Metro en Montreal, recuerdos de otros metros:
Madrid, Barcelona, Lisboa, Paris, Toronto, Nueva York,
San Francisco, tantos lugares, tantos metros...

Este metro que se mueve despacio
y de prisa y despacio otra vez,
señales de la vida y la muerte;
un desamparo, una soledad, tantas soledades,
tantos olvidos a los que les falta profunda preparación:

Rendirse en marrones y azules que me fijan sin decidir este día que se
llama en desdichas,

me llama como aquella solitaria habitación cerrada en Madrid,
en Barcelona, en tantos lugares

donde el metro formaba parte de mi vida solitaria.

Un año. De tristeza. Una cristalina tristeza. Sentimiento. Sonrisa.
Blancuras pegadas

en una poesia inesperada que me llama
sin darme cuenta de las más sencillas existencias de mi yo.

I Have to Return

I have to return to judge my confusion
Pure confusion that tries to throw me
Into diffused yellow thoughts:

Who can talk about souls in search,
Poetic sentiments that go through humid thoughts
To later on project themselves in senseless creativity?

I know, I know I have to return.
To jot down white letters on brown blackboards,
Dirty with chalk, corrected by experts
Who have lost that touch of fantasy.

Toronto breezes are wet and sick
With cold summer indifference
Still I am to blame for being flighty
For being more critical about hope
And the tomorrows of this hope.

I know I must return to smell warmth
Shadowed by rains in June,
To pause and smell the mystic perfume
Of the pine trees of the north
And smoke me an Ilocano cigar
With its smoke
Entangled by memories.

My shadow also wants to leave me:
It no longer goes where I want to go;
It stays black against the white wall.

I am romantic.
I see orange flowers and rice fields,
Lights in dying dawn;
I feel the warm sea water of Poro Point
The sound of wet fog on my window pane in Baguio.

In the distance six lights flicker in semi-circle.
Silence. A strange kind of silence.
Far away, the sound of solitude.

Tengo que volver

Tengo que volver para juzgar esta confusión,
pureza confusa que intenta arrojarme
a difusos pensamientos de color amarillo:

¿Quién puede hablar de almas en búsqueda,
sentimientos poéticos que pasan de un pensamiento húmedo
para después proyectarse hacia una insensata creación?

Sé, lo sé que tengo que volver.
Para apuntar blancas letras en pizarras marrones,
sucias de tiza, corregidas por expertos
con lo que pierden ese toque de fantasía.

Las brisas torontonianas son húmedas y enfermas
con esta fría indiferencia veraniega.

Soy culpable,
culpable por estar siempre buscando vuelos,
por ser muy crítico de la esperanza y las mañanas de esta esperanza.

Sé que tengo que volver.
para oler la tibieza de las lluvias filipinas en junio.
para percibir el perfume místico de los pinos del norte
y fumarme un cigarro ilocano enredado con el humo de memorias.

Mi sombra quiere dejarme; ya no va a donde quiero ir;
se queda negra contra la blanca pared.

Soy romántico.
Veo las flores del naranjo, los arrozales,
las luces que mueren en la madrugada.
Siento el agua tibia del mar de Poro,
y oigo el sonido de la nube mojada
pegada contra el vidrio de mi habitación en Baguio.

Seis luces en medio círculo parpadean en la distancia.

Silencio.
Un silencio extraño.
Lejos, el ruido de la soledad.

55 Minutes

55 minutes of afterthoughts.
Vague dream. Unwritten.
Counting legends,
Thoughts about time
Tension,
Conflict...

Cold hesitating. Letters running,
Heater sissing
A Three Act Comedy.

Alveolar. Palatalization.
Sour tongues. Diffused smoke.

Critical expression of time,
Badly interpreted legend
More critiques from critics
Thoughts dispersed in the snow.

Etymologize: New York, beefsteak, chop suey.
Spanish baroque, decadence in glory's midst.
Calderon and the Jesuits: passion and reason.

Shelley? Rebel!
Convergence of myths,
Ancient Castilian words,
Marinated critiques.

Let's talk about Pereda:
Sotileza: 19th century bitterness?
Not at all,
Hot in this room,
Hotter than body temperature.

Sugar river?
Absurd!
Like life.
Again.
More anti-thoughts:
Two-cent tavern,

55 Minutos

55 minutos de pospensamientos.
Sueño vago. Inescrito.
Contando leyendas,
pensamientos del tiempo,
tensión,
conflicto...

Frío vacilante. Letras que corren,
calefacción que sisea;
una comedia en tres jornadas.

Alveolar. Palatización.
Lenguas agrias. Humo difundido.

Crítica expresión del tiempo,
una leyenda mal interpretada,
más críticas de críticos,
pensares dispersos en la nieve.

Etimologiza: Nueva York, biftec, chop suey.

Barroco español, decadencia
en medio de la gloria.
Calderón y los jesuitas: pasión y razón.

¿Shelley? ¡Rebelde!
Convergencia de mitos,
antiguas palabras castellanas,
críticas marinadas.

Ahora hablamos de Pereda:
Sotileza, ¿amargura novecentista?

Menos que nunca,
calor de esta habitación,
más que el del cuerpo.

¿Río azucarado?
¡Absurdo!
Cual la vida.
Otra vez.

Red lines, vacillating flame: aura
With no phosphorus; illuminating.

Open sesame,
Like happiness: close
Sesame: fickle-minded.

Winter. Snow in Toronto.
But more in Montreal.

My pipe: I keep on puffing,
Fast,
And then, no more.
Dry tobacco. Very dry,
Very subjective. Really.

Why so fast,
Smoke burning images?
Idiomatic expressions,
All idiotic.

Nothing like sweet honey.
What am I doing in Canada?

Forget the pages: evolve,
Simply evolve: but why?
For historical criticism.
Ronsonol: Jews (1867-1967).
The Jewish Canadian Star.

More ice, please.
Distinction,
Manipulated by despair,
Distinction. I deserve poems.

Who says white is pure?
The Jesuits. Blackbirds.
Something with more character: black, perhaps.

One's face,
A shot of snow,
Whims, did you say?

Más antipensamientos:
dos céntimos de la taberna,
líneas rojas, llama vacilante: aural,
sin fósforo; iluminada.

Abre que se abre,
como la felicidad: cierra
que se cierra: voluble.

Invierno. Nieve en Toronto.
Pero mucho más en Montreal.

La pipa: soplo y soplo,
rápido,
y después, no hay más.

Tabaco seco. Muy seco,
muy subjetivo. De veras.

¿Por qué tan de prisa,
humo que se quema con imágenes?

Modismos, modismos.
¡Idiotas todos!

Nada de la dulzura de la miel,
¿qué estoy haciendo aquí en Canadá?

Olvida las páginas: evoluciona,
simplemente evoluciona. ¿Para qué?

¡Para la crítica histórica!
Ronsonol: judíos (1867-1967)
la estrella canadiense judía.
Más hielo, por favor.
Distinción,
manejada por la desesperanza.
Distinción: he merecido poemas.

¿Quién dice que blanco es puro?
Los jesuitas. Aves negras.
Algo con más caracter: negro, quizá.

I'm whimsical.
In the wintry snow of summer.
Cold pertinence. Impulse justified.
No effects, timewise.

Time decides.
What does "esoteric" mean?
Ask Phatosh.
Phatosh is love.

Diminishing like Canadian cents,
Like smoke from Salem cigarettes.
Morag mentions Flora. No,
I don't like that name. Because you love me.

Should I resist?
No. Why not? Life.
Not even death. Now.
Nothing else but now.
Words falling,
Seconds dying...
Sudden cold,
And I pursue my thoughts.

Drag the air with you:
Clean fresh air,
A year,
Better still, two.
Moderation. And then, Spain again.
Another pipe for me, like Dittborn's gift.
Disassociated escape...
God? Conform, conform.

More words before sleep drowns me.
So many places all at once,
More exits.
Five more years;
And then, perhaps happiness.

Exactly.
I'm very exact.
Sometimes.

De la cara de uno,
de un trago de nieve,
caprichos, ¿has dicho?

Yo caracterizo caprichos.
En la nieve invernal de verano.
Pertinencia fría. Justifica el impulso.
Ningún efecto temporal.

La edad decide a veces.
¿Qué quiere decir "esotérico"?

Pregúntaselo a Phatosh.
Phatosh es amor.

Disminuyo como los céntimos canadienses,
como el humo del cigarrillo Salem.
Y Morag menciona a Flora. No,
no me gusta ese nombre. Porque me quieres.

¿Debo resistir?
No. ¿Por qué no? Vida.

Ni tampoco la muerte. Ahora.
No más que ahora.
Palabras que caen,
o estos segundos que mueren...
el frío inmediato,
y sigo persiguiendo más pensamientos.

Arrastra este aire contigo:
aire frío, limpio,
un año,
dos, más bien.
Moderación. Y después, España otra vez.
Otra pipa para mí, como el regalo de Dittborn.

Un escape desasosegado...
¿Dios? Pero conforma, conforma.

Más palabras antes que el sueño me trague.
Tantos sitios a la vez,

Tomorrow class again.
Enough of words.
Wait.
Now.
In your dreams.

The weekend has ended.
Smoke from my pipe's gone,
Pipe tobacco that says
Canada's finest Virginia sliced plug cut tobacco.

55 minutes are gone.
Exactly.
I'm exact.
Sometimes.

Toronto, 1968

I Am

I am
When my blueness mixes with the sky,
When Spain's shadows shine,
When you go, when I go,
When I dream of my childhood,
When endless dialogues finally end with
One eternal word.

I am the undecided call of myself
I am the ruined noises of a university city
I am lips that form meaningless words

Another morning, mourning for myself:
Repentance doesn't repent.

Más salidas.
Cinco años más;
y después, quizás la felicidad.

Exacto.
Soy muy exacto.
A veces.

Mañana, clase otra vez.
Basta con palabras.
Espera.
Ahora.
En tus sueños.

Se acabó el fin de semana.
Se acabó el humo de la pipa,
y el tabaco que dice
Canada's finest Virginia sliced plug cut tobacco.

Se acabaron los cincuenta y cinco minutos.
Exacto.
Soy exacto.
A veces.

Toronto, 1968

Soy yo

Soy yo
cuando mi traje azul se mezcla con el cielo,
cuando las sombras de España se alumbran,
cuando te vas, cuando me voy,
cuando sueño con mi infancia,
cuando los diálogos interminables por fin terminan con
una sola palabra eterna.

Soy la llamada indecisa de mí.
Soy los ruidos ruinosos de una ciudad universitaria,
Soy labios que forman palabras sin significado.

Una mañana, un luto para mí: el arrepentimiento
nunca se arrepiente.

I am once again the poem of an unwritten night
The pride of humility,
An attitude of certitude,
Another solar experiment of Spring,
Of dying winter.

This dorm
This table full of papers
A cowardly existence
Conflicting difficulties
Hard films cut
Incomplete labor
Open window
Worshipping anxiety

You whisper words
And I see a photo in black and white
Floating and blowing its existence
In my soul's body.

Madrid, 1966

Vancouver 1984

I don't know how I can bear the sadness of this city.
City with no soul, cold-blooded English city,
City of despair.

I walk the city's sad streets,
I walk alone, alone and sad, alone and melancholic,
In this city with no soul, city of despair,
City of sad streets.

Soy una vez más el poema de una noche inscrita,
el orgullo de una humildad,
la actitud de una certidumbre,
otro experimento solar de primavera,
el invierno desfallecido,

este colegio mayor:
una mesa papeleada,
una existencia sin valor,
dificultades en conflicto,
duras películas cortadas,
manifestaciones incompletas,
esta ventana abierta,
una ansiedad alabada...

Tú susurras palabras
y veo otra fota en blanco y negro
flotando y soplando su existencia
en el cuerpo de mi alma.

Madrid, 1966

Vancouver 1984

No sé como aguanto la tristeza de esta ciudad,
Ciudad sin alma, ciudad de los ingleses de sangre fría,
Ciudad de la desesperanza.

Camino yo en las calles tristes de la ciudad,
camino yo solo, solo y triste, solo y melancólico,

en esta ciudad sin alma, ciudad de la desesperanza,
ciudad de calles tristes.

God Is Great

Faith, you lack faith, man, like Thomas,
Thomas the apostle, doubting the resurrected Christ,
And Saint Peter denying Christ thrice,
And I, Father, forgive me, forgive us all of our human imperfections
Of this world of doubts and anxieties created by You,

But now I see your greatness
—God you are all-knowing,
sadness and insecurity vanish
with your gentle cold Vancouver breeze
Blowing floating with clouds
And strong rains that quickly come.

Thank you, Oh Great God
For your goodness!

Vancouver, August 1984

Happiness
(to Bruno Tesolin)

Here we celebrate, dear friend, our Spanish coffee
After the hearty Chinese food and English pastry,
And a huge espresso.

Here we are, talking, my friend, of Latino joy,
because we're Latinos,
and we like to enjoy life,
acting always on impulse
and then falling into moments of sadness
and anguish.

But we go on,
Despite our 40 years,

38

Dios es grande

fe, faltas a la fe, hombre, como Tomás,
Tomás el apóstol, dudando de Cristo resurrecto,
y San Pedro también negando a Cristo tres veces,
y yo, Padre, perdóname, perdónanos a los humanos imperfectos
de este mundo creado por Ti,
por nuestras dudas y ansias,

pero ahora veo tu grandeza
—Dios, lo sabes todo,
y la tristeza e inseguridad
cual con tu gentil soplo
han desaparecido con tu grandeza
en esta brisa fría de Vancouver
flotando con las nubes
y lluvias fuertes que pronto vendrán.

—¡Gracias, Oh gran Dios,
por tu bondad!

Vancouver, agosto de 1984

Alegría
(a Bruno Tesolin)

Aquí celebramos, amigo, nuestro café español
después de la comida china, el pastel inglés,
y el expresso largo.

Aquí hablamos, amigo, de la alegría latina,
porque somos latinos,
y celebramos la vida con gusto,
actuamos siempre con impulso
para después caer en momentos de tristeza
y angustia.

Pero seguimos alante,
a pesar de nuestras cuarenta primaveras,

Ready for death,
Resting calmly on the laurels
Of the past.

Let's open the doors to happiness, Latino friend,
To go on being vibrant despite sadnesses,
To stay alive despite sufferings
In this solitary road towards God.

Vancouver, August 1984

Grandfather
To my grandfather, don Francisco de Paula Romero

Homeland of my grandfather
Remembering Ronda and the Tajo,
Round valley, pleasant climate.

Palali. Grandfather arrived with his family from Luna.
Palali...remembering Ronda, his birthplace,
Palali...Baguio...to stay here forever
On wings of vibrant mem'ries
To smile, to breathe the fresh air
Of this brick-coloured land of pineapples and tropical fruits.

His white and fragile beard together with grandma and her 10 children
Palali where the wild cats and monkeys still roamed
Their cries in the distance. Kimalugong still a forest.

Now all gone. Deforested.
In its place bananas and pineapples for sale
In small stores along the national road
To Burgos, Baguio and Naguilian.

Grandfather sitting calmy with his cognac
Remembering his hometown.

It's been years, almost forty,
Since he arrived from Spain.

preparados para la muerte,
sentados tranquilos en los laureles
del éxito de los antaños...

¡Vamos abriendo el camino de la alegría, amigo latino,
para seguir vibrantes a pesar de las tristezas,
para seguir vivos después de los sufrimientos,
en este camino solitario hacia Dios!

Vancouver, agosto de 1984

Abuelo

A mi abuelo, don Francisco de Paula Romero

Terrenos del abuelo,
Recuerdos de Ronda y el Tajo,
Valles redondos, clima agradable.

Palali. Llegó el abuelo con su familia de Luna.
Palali... recuerdos de Ronda, su querido pueblo natal,
Palali... Baguio... pa' estar aquí pa' siempre...
en alas de recuerdos vibrantes
pa' sonreír, pa' respirar el aire fresco
de esta tierra roja de piñas y frutas tropicales.

Su barba blanca y frágil con la abuela y sus diez hijos
Palali donde los gatos selváticos y los monos con sus chillidos
en la distancia. Kimalugong aún silvestre.

Ahora, la selva desaparecida...
en su lugar, platanares, piñas para vender
en las tiendecitas alineadas en el camino nacional,
en el pueblo de Burgos, camino a Naguilian.

El abuelo, sentado, tranquilo, con su vasito de coñac,
recordando su pueblo natal.

Pero han pasado años, casi cuarenta años
desde que llegó de España...

Coming and going, bringing figs, chestnuts
and other Spanish goodies from Malaga
on that ship that took 30 days passing through the Suez
and finally to Barcelona.

Grandfather smiles.
A gentle smile watching his children at play
Under the mango and *caimito* trees.

Those palm trees from the white beaches of Ipil in Surigao
There from the faraway exotic south of Mindanao weren't there yet.

He is saddened by the future...
What will become of this fertile land when I die?

My children, these mestizos hated by the indios who think
That the Spaniard came to conquer them,
To make them his slaves...

Grief, a lot of grief bothered grandfather as he envisioned the future,
Seeing the suffering of his children, grandchildren,
In this fertile land,
Palali, Palali of his dreams...

Nearer to Christ: Reflections for Good Friday

I.
Golgotha, the way to Calvary, the road of life,
Suffering, humiliation,
Be humble like Christ
Suffer all humiliation
Because life is Calvary
Accept it like Christ
The pain of having to forgive your enemies,
The pain of being separated from your parents, children, relatives...
Christ did it. Do it too.

Pero iba y venía, trayendo higos de Málaga,
vinos, castañas, y las golosinas españolas
en aquel barco de treinta días que pasaba por el Canal Suez
hasta llegar a Barcelona.

Sonríe el abuelo.
Gentil sonrisa mientras ve a los hijos jugando
debajo de los árboles de *manga* y *caimito*.

No existían aún los palmares recogidos del mar de Surigao
de las playas blancas de Ipil allá en el sur exótico de Mindanao.

Se entristece del futuro..
¿Qué será de esta fértil tierra cuando yo me muera?

Mis hijos, estos mestizos odiados por los indios que creen
que el español ha venido a conquistarlos,
a hacerlos sus esclavos...

Pena, mucha pena aquejaba al abuelo mirando hacia el porvenir,
viendo el sufrimiento de sus hijos, sus nietos,
en esta tierra fértil,
Palali, Palali de sus sueños...

Aproximación a Cristo: Reflexiones Viernes Santo

I.
Gólgota, camino del Calvario, camino de la vida,
el sufrimiento, la humillación,
hay que ser humilde como Cristo,
hay que sufrir toda humillación,
porque la vida es un Calvario,
hay que aceptar como Cristo
todo el dolor de tener que perdonar a los enemigos,
el dolor de la separacion de los padres, hijos y parientes...
Cristo así lo hizo. Hay que hacerlo también.

II.
Help the poor despite your poverty
It's hard to suffer, really hard to imitate Christ
Or be like him because man is proud
And pride destroys him
Good Friday
How hard it is to suffer!
But Christ did it,
Could I do it, weak that I am?

I'll try. The road to Christ is difficult.
But rich are its fruits!

Montreal, March 1986

I Need to Return

To redo my guilt
Guilt from a guiltiness that weighs heavy on me,
I need to return to redo everything
All stale because I'm that way
Stale with meaningless promises.
First, eight years; now, happiness.
But what happened to the eight years you promised?
And happiness? Happiness!
Stupid life that drags happiness!

I can no longer be happy.
Promises are deceiving,
Intuitions lose their secrets
And I say I need to return. For whom?
For no one. There's no one. They're no longer there.

I can't believe anymore.
Dry sentiments...passing, superficial
Life changing its direction and it's my fault:

Little confusing things
Little determining things
Are forgotten always forgotten
Restless restless and transient.

II.

Hay que ayudar a los pobres a pesar de la pobreza
que uno sufre es difícil dificilísimo imitar a Cristo
o aproximarse a Cristo porque el hombre es orgulloso
y el orgullo lo desata y destruye...
Viernes Santo,
¡que difícil es sufrir!,
pero lo hizo Cristo,
¿podría hacerlo yo, tan débil que soy ?

Intentaré. Es difícil el camino hacia Cristo
pero ¡qué ricos son los frutos!

Montreal, 28 de marzo 1986

Debo volver

Para rehacer esta culpabilidad,
culpa de una culpabilidad que pesa sueños transigentes,
y debo volver para rehacer todo,
todo estancado porque soy así,
estancado con promesas que no significan nada.

Primero, ocho años; ahora, felicidad.
Pero ¿qué ha pasado con los ocho años que me prometiste?
¿Y la felicidad? ¡ Felicidad!
¡Torpe vida que arrastra la felicidad!

No puedo más ser feliz.
Las promesas son decepciones,
las intuiciones pierden su secreto.
Y digo que debo volver. ¿A qué?
A nadie. No hay nadie. No existen más.

Tampoco puedo creer.
Seco sentimiento... pasajero, superficial
esta vida cambiando su rumbo y lo hago así:

Pequeñas confusiones
Pequeñas determinaciones
Se pierden en el olvido siempre el olvido
intranquilo intranquilo y pasajero.

Flow of Experience

transcending discontinuity to follow the archetypes of beckett who
followed proust
and jung who followed freud, and proust who followed
descartes,
and in this subconscious junk, fellini thrives
with putrefied fantasies,
explosions of ping-pong slams, like the east indian reddy's theory
and search for god and for chance and scholarships
and jobs: they all come like death when you least expect it.

and we go on planning like ants,
ants who build and rebuild,
and then ask whether builders are construed in other uncreative
fashions,
the patterns repeat themselves,
words are excreted,
minds are delved in the fifties
with artie shaw
and the sixties with sonny rollins and dave brubeck,
and after all this,
everything repeats again, over and over,
in original and unoriginal, primitive and scholarly waves of thoughts,
interpretations, reinterpretations and zeroisms.

In the asshole of the subconscious
Is the toilet paper
With shit converted into human communication
Analyzing samples of silence and obscenity.
Can anyone learn from existence?
Are there solutions from empirical studies?
Intellectual disgust!
the bureaucracy, the capitalists, the communists, the socialists
are born and reborn in this historical cycle of life...
well-defended
like hot waves
like nature's magic

i'm tired of feeling disgusted
i'm tired of looking for nirvana

La experiencia fluyente

Transcendemos la discontinuidad, imitamos
los arquetipos de Beckett, el imitador de Proust,
y Jung, siguiendo a Freud, y Proust, imitando
a Descartes,

y en toda esta basura subconsciente,
Fellini está, putrificado de fantasías
que son nada más que juegos de ping-pong,
como la teoría del indio Reddy,
y la búsqueda de Dios y el destino,
y las becas, y el trabajo:
todos vienen como la muerte. Sin saberlo.

Pero seguimos planeando como hormigas,
hormigas que construyen y reconstruyen,
y después de todo, preguntamos si los construidores
son los construidos,
y se repiten fórmulas,

fórmulas históricas,
palabras excretadas,
mentes hechas en los cincuenta
con Artie Shaw,
y los sesenta con Sonny Rollins
y Dave Brubeck,

y después de todo,
se repite de nuevo, otra vez y otra vez,

original e imitación,
primitivos asertos intelectuales,
interpretaciones, reinterpretaciones y zeroísmos.

En el culo del subconsciente
está el *papier toilette*
con mierda convertida en comunicación humana

en los análisis y ejemplos del silencio
y la obscenidad.

light that is neither light nor nothingness
nor Bahai nor Christian
completely non-atheist...

the mental flow escapes me,
ah yes!

The seventies,
the mysticism of the seventies,
the individual prophets from buchner's *Danton's Death* and researching
Beowulf's epic,
like the boring social struggles of Bertolt Brecht,
ideas of which are naïve, historical and profound, repeating themselves
endlessly to express the consummate hope and anguish of mankind.

¿Se aprende de la existencia?
¿Se encuentran soluciones en los estudios empíricos?
¡Disgustos intelectuales!
la burocracia, los capitalistas, los comunistas, los socialistas
nacen y renacen
en este círculo histórico de la vida...
bien defendidos
cual calurosas ondas
cual magia de la naturaleza...

estoy harto de sentir disgustado
estoy harto de buscar el nirvana

luz que ni es la luz ni la nada
ni Bahai ni cristiana
completamente inateo...

me escapa la fluidez mental,
¡ah, sí!

los setenta, ahora bien, pues bien,
los setenta explican el misticismo de nuevo,

los profetas individuales de *La muerte de Dantón*
de Büchner, y obras investigando
la épica de Beowulf,
parecida al aburrimiento
y las luchas socialistas e interminables de Bertold Brecht,
las cuales son ideas históricas sencillas y profundas que se repiten
interminablemente para expresar la esperanza consumida y la angustia
del hombre.

Two Poems for My Son Carlos

1.

Son,
will you be the hope
of the motherland?

Will you be all
That I couldn't be in my life?

Engineer, chess champion,
Economist, a great thinker, musician
Valiant defender of our national heritage?

Will you become a flyer
Like your granddad
Or a discoverer of new lands?

Will you be an astronaut
Flying to unknown planets
To save our human condition?

Son, will you be all this?
But even if you won't be any of these,
You'll always be my son.

2.

I don't know what tomorrow will bring.
You look at me asking
What is this humanity that shouts, hates,
Loves, laughs and sings.

You look at me
With newly born eyes
You touch me
With your innocent fingers

Dos poemas para mi hijo Carlos

1.
Hijito,
¿serás tú el porvenir
de la patria?

¿Serás tú todo
todo lo que yo no he podido ser
en mi vida?

Ingeniero, campeón de ajedrez,
economista, gran filósofo, músico,
defensor valiente
de nuestro patrimonio nacional... ?

¿Serás un gran aviador,
como tu abuelo,
o un descubridor de nuevos terrenos
de la ciencia?

¿Serás tú el astronauta
que viajaría a planetas desconocidos
para salvarnos de nuestra condición humana?

Hijito, ¿serás tú todo esto?
Pero aunque no seas ninguno de éstos,
serás tú siempre mi hijito.

2.
No sé qué será de tu mañana.
Me miras
para preguntar
qué es esta humanidad
que grita, odia,
ama, ríe, y canta.

Me miras
con tus ojos recién nacidos.
Me tocas
con tus dedos inocentes.

You look at me tenderly
And ask a thousand questions
About the thousand things you'll go through:
Happiness, sadness,
Reality, anguish...

Oh, newly born child!
What will become of your tomorrow?

Bitterness

The bitterness of passing time
When seconds and minutes pile up
Into days, weeks, months, years;
When I'll then feel the bitterness of old age,
Remembering bygone years that have piled up,
Emptiness, wondering if it was all worth it:
The writings, the loves, the travels...
when some will remember the poet
who lived and wrote things that were absurd,
comic, surreal, intimate, boring and sad...

Bitterness when friends are no longer around,
Bitterness remembering the happy days of youth
That'll no longer come back...
Only the scars remain,
the scars of the beaches of my childhood,
when sea and sand mixed
forming words, words of hope...

if only I could return once more!
To purify myself of these bitter years,
Years that have twisted and wounded my soul...

Bitterness,
Bitterness of time passing...

Y en tus tiernas miradas
hay mil preguntas
de las mil hazañas
que tendrás que confrontar:
felicidad, tristeza,
realidad, angustia...

¡Oh, niño recién nacido!
¿Qué será de tu mañana?

Amargura

La amargura del tiempo pasajero
cuando los segundos y minutos se amontonan
en horas días, en semanas, meses, años;
cuando sienta después la amargura de la vejez,
recordando los años que se han amontonado,
donde la vaciedad, de que si todo fue útil:
los escritos, los amores, los viajes...

cuando algunos se acuerden del poeta
que vivía y escribía de todo lo que fue absurdo,
cómico, surreal, íntimo, aburrido y triste...

La amargura de los amigos que ya no están,
la amargura de esos recuerdos felices de la juventud
que ya no volverán...

Sólo quedan las cicatrices
las cicatrices de las playas de mi niñez
cuando el mar, el sol y la arena se mezclaban
para formar palabras, palabras de esperanza...

¡Si pudiera volver aunque fuera una vez más!
Para purificarme de estos años amargos,
años que al alma han torcido y dañado...

La amargura,
La amargura del tiempo pasajero...

Meditation

I thought I'd reached that level of superior knowledge.
I was wrong. I'm still learning
That this life is full of mysteries
Because everything they tell me I believe
And a lot of what they say are lies.

I thought that everything was lost.
I was wrong. Life repeats itself
And what they say are things of the past
Repeat themselves.

I said I didn't believe in anything.
I was wrong. Now I believe in something.
I believe in God. In the saints. In things of the spirit.
Because that which is mundane deceives and despairs
While things spiritual are peace, hope and love.

I've travelled in search of peace.
I was wrong. Peace can't be found
In the confusion of new places
Nor in the chaos of movement
Nor in the power of the rich.

Peace resides in the interior dimension of the soul
That is at peace with the Almighty.

Meditación

Creía que había alcanzado
aquel estado de sabiduría.

Me equivoqué. Sigo aprendiendo
que esta vida está llena de misterios
porque todo lo que dicen lo creo
y mucho de lo que dicen es engaño.

Creía que todo estaba perdido.
Me equivoqué. El mundo
sigue repitiéndose, y lo
que dicen que son cosas del pasado
volverán a repetirse en el futuro.

Decía que no creía en nada.
Me equivoqué. Ahora creo en algo:
vuelvo a creer en Dios,
en los santos, en las cosas
del espíritu,

porque todo lo que es mundano
engaña y desespera, mientras
todo lo espiritual es paz, amor y esperanza.

He viajado en busca de paz.
Me equivoqué. No está la paz
en la confusión de nuevos sitios
ni en el caos del movimiento
ni en en el poder ni en la riqueza.

La paz está en la dimensión interior del alma
que está en paz con el Todopoderoso.

Poesías de un viajero, 1965-67

Poems of a traveller, 1965-67

Rome, September 1965

airport with my friend Eltanal, laughing,
worried,
airport, tired, sad, nervous, restless,
far, far away from home,
airport, sitting, standing, sleeping,
thinking of you...

Cuenca, October 1965

they hang they reflect in autumn
moon reflecting on river
houses hanging eternally
sad friends, where are you?
Madrid's winds blow
mem'ries, laughter, loves
black hills yellow leaves
smile in autumn

Paris, December 1965

midnight walking
these dark streets
sad and tired
christmas day
showers
it's cold
i'm alone

Roma, septiembre 1965

aeropuerto, con el amigo Eltanal,
risas,
preocupaciones,
aeropuerto, cansado, triste, nervioso, intranquilo,
lejos, muy lejos de mi casa filipina
aeropuerto, sentado, levantando, dormido,
pensando en ti...

Cuenca, octubre 1965

se cuelgan se reflejan en otoño
la luna reflejada en el río
las casas se cuelgan eternamente
tristes amigos, ¿dónde estáis?
vientos de Madrid soplan
recuerdos, risas, amores
negras colinas
hojas amarillas
sonríen en otoño

Paris, diciembre 1965

medianoche caminando
estas calles oscuras
triste y cansado
día de navidad
lloviznas
hace frío
estoy solo.

Switzerland, December 1965

this meaninglessness writing verses
writing obscure verses
i say a simple hello and good-bye
whispering winds
cold freezing winds
whistling in the dark
the silence of snow
impregnating dead trees
with its wintry restlessness
the horizon loses itself in the distance
mountains
white Alps black-blue skies
a deep nostalgic sadness
sticks to my being...

Lourdes, January 1966

it's snowing, my soul is lifted with ave marias
a spiritual tranquility
cold burning my fingers and ears
solitude
the miracle is within
like the whiteness
the peace
of Pyrenean snow
the river miraculously flows
its pristine water.

Zaragoza, March 1966

Ebro, its winds, river flowing strong
strong in spring
photo in color
streetcar, social studies week: conferences
a park with memories
the blessed patroness virgin
smiles
tired
train

Suiza, diciembre 1965

porque soy insignificante
porque escribo versos
versos escritos en obscuridades
porque digo un simple hola y adiós...
suspirando con los vientos
vientos fríos vientos helados
silbando en la oscuridad
silencio de la nieve
impregnando los árboles muertos
con esa cierta inquietud invernal
el horizonte se pierde en la distancia,
montañosa,
Alpes blancos cielos en negro-azul
profunda tristeza nostálgica
clavando mi existencia...

Lourdes, enero 1966

está nevando, mi alma sube con avemarías
tranquilidad espiritual
frío que quema mis dedos mis orejas
soledad
el milagro está adentro en el alma
cual la blancura
la paz
de esta nieve *pirenenca*
fluye el río milagroso
su agua cristalina.

Zaragoza, marzo 1966

Ebro, sus vientos, el río corre fuerte
fuerte en primavera,
foto en color,
tranvía, semana social: conferencias
parque de recuerdos
la virgen patrona
sonrisas
cansancio
tren
otra vez la soledad.

Valencia, April 1966

holy Thursday, Valencia's sea;
on a white beach,
windy beach,
cold sea,
hot sun;
clouds floating with the sea winds,
winds of Valencia,
winds of love, cold winds of spring,
warm winds of spring;
serene sea, now silent,
inspiration lost;
the emptiness of a distant anguish;
a longing: losing myself in the sea,
sea of Valencia,
sadly happy...

Ibiza, April 1966

rock rock strong
swish, swash, swish, swash
a town with no time,
a town where time doesn't exist
slowly, slowly
flies and dust
clean beach, cristal waters,
smiling beach,
waves shouting
whispering froth
white seagull
rock rock strong
swish, swash, swish, swash

Málaga, April 1966

Sweet smiles from my aunts
Holy week
Colored processions
Red black green white blue
I listen silently
Distant wind
Blowing on the Mediterranean
Making me see and feel my soul.

Valencia, abril 1966

jueves santo, el mar de Valencia;
en una playa blanca,
una playa ventosa,
mar frío,
sol cálido;
nubes flotando con los vientos
del mar; vientos de Valencia,
vientos de amor, vientos fríos de primavera,
vientos cálidos de primavera;
el mar sereno, ahora silencioso,
y la inspiración, perdida;
la vaciedad de una lejana angustia;
un anhelo: perderme en el mar,
playa de Valencia
tristemente feliz...

Ibiza, abril 1966

roca roca fuerte
swish, swash, swish, swash
pueblo sin tiempo,
pueblo donde el tiempo no existe
despacio despacio
moscas y polvo
playa limpia, cristalina,
playa sonriente,
olas gritando,
espuma susurrante
gaviota blanca
roca roca fuerte
swish, swash, swish, swash...

Málaga, abril 1966

sonrisas amables de las tías
semana santa
procesiones de color
rojo, negro, verde, blanco, azul
escucho
silencio
viento lejano
soplando del mediterráneo
que me hace ver y sentir el alma filipina.

Ronda, July 1966

Granddad you were born here...
The cliff
Rebel that you were
You looked down as I now look down this cliff
Nostalgically
A reincarnation
Your grandson a poet
Floating with the winds of Andalusia;
Luna, Baguio...all here
In a whisp'ring reality
Walking these streets
As you did
Where now my feet walk...
This ancient town

And you, granddad,
With me in eternal remembrance.

Ceuta, July 1966

A kiss, uncle, aunt,
My dear cousins, as I say good-bye
As the clouds descend
And I'm sad, empty,
I just don't know why
I wanted to look for you
But I only felt dry tears
I just don't know why...
The ocean waves shout
"Come back, come back"
Over and over.

Ronda, julio 1966

abuelo,
naciste en esta tierra,
el tajo,
tu rebelía,
miraste como ahora miro,
nostalgia,
una reencarnación,
tu nieto, un poeta,
flotando con los vientos
de Andalucía;
Luna, Baguio, metidos aquí
en una susurrante realidad,
abuelo,
por aquí caminaste
por estas mismas calles
que sienten mis pies,
pueblo viejo,

y tú, abuelo, conmigo,
en un recuerdo eterno.

Ceuta, julio 1966

un beso, tío, tía,
primos, en esta
pequeña despedida,
cuando bajan las nubes,
cuando me siento triste, vacío,
no sé por qué
no sé por qué,

y quería buscaros,
pero sólo sentía
lágrimas secas,

¿por qué, por qué?

el grito resuena con las olas,
se repite,
y se repite,

vuélvete,
vuélvete.

Cadiz, August 1966

A little girl, a letter,
Repentance.
Hitchhiking,
Calm, sea,
Summer,

A new typewriter,
Homesickness,
A cool night
With some Cuban friends,
The boat,
Sand and beach,
A little nostalgia
Sad songs,
Short dialogues,
The sun,
The sandals,
A photo,
A crucifix, the church,
Cadiz and me.

Barcelona, December 1966

The sea awaits...
My anguish, the anguish
Of flickering stars
Shouting brilliantly

My soul also shouts,
Now a whisper
And I find myself swimming
In a river of poems...

Poet,
Your sad good-bye, your perception,
A hope...

Cádiz, agosto 1966

una niña, una carta,
un arrepentimiento,
autostop,
tranquilidad, el mar,
verano,

una nueva máquina de escribir,
deseos de volver a casa,
una noche fresca,
unos amigos cubanos,
el barco,
las playas, las arenas,
un poquito de nostalgia,
tristes canciones,
diálogos cortos,
el sol,
las sandallas,
una foto,
el crucifijo,
la iglesia,
Cádiz
y yo...

Barcelona, diciembre 1966

el mar nos espera...
mi angustia es la angustia
de las estrellas
que parpadean
sus gritos brillantes

mi alma tambien grita,
ahora un susurro
y me encuentro nadando
en un efluvio de poemas...

poeta,
tu triste adiós, tu darte cuenta,
una esperanza...

Poesías colombianas, mexicanas y argentinas

Q

*Colombian, Mexican
and Argentinian Poems*

COLOMBIAN CITIES

Cities by Day

Melgar, Medellin, Caldas
Up and down goes the
Magdalena floating gazelle.

The smell of urine and guavas
Of a disabled black old man;
The *vallenato* and the *cumbia* on the radio,
That grand central bus station in Bogota
High up and looking down as though
I were on an airplane ready to land
Towards the tempting torches
From the city below;
And now I read Turbay, Sentofimio,
Red flags of the liberals;
Vidales
With his protest poems...
Hostein gentlemen, Cebu cows,
Manila camping site,
As we enter the mountainous rockies,
Climbing towards Bogota,
2000 meters above sea level.

Fire trees in the distance.
Tiny stores and restaurants.
The vendors climb the gazelle
To sell their cookies and cakes,
Donuts, and other sweets.

The old Christian woman from Medellin,
With her jokes, deserved all the pesos I had
Playing domino with her, and for every sentence
She'd say "son of a bitch," full of jokes,
And the black passengers smling, showing
Their white teeth.

The mountains are close by; a carnival
With Juan Rulfo and his Golden Rooster, black hair,
White cows, red-brick roofs, ponies...
All mixed with the verdant valley.

CIUDADES DE COLOMBIA

Ciudades de día

Melgar, Medellín, Caldas,
la subida y bajada de la gacela
de la flota del Magdalena.

El olor de guayabo y orines
del viejo negro inválido;
el vallenato y la cumbia en la radio,
la super-estación de Bogotá, que alcanza
esta cumbre donde, como en un avión que fuera a aterrizar,
baja hacia las luces llamativas
de la ciudad de abajo;

y ahora se lee Turbay, Sentofimio, banderas
rojas de los liberales;
Vidales
con sus poemas de protesta...
Caballeros Hostein, Vacas de Cebú,
Paradero Manila Campestre,
ya entramos la piedra de las montañas,
ya empezamos a subir hacia Bogotá,
más de 2,000 metros de altura.

Arboles de fuego en la distancia.
Los caturros y los cafeteras.
Los vendedores suben la gacela
para mostrar sus bizcochuelos y arequipes,
churros con arepa y yuca.

La vieja cristiana de Medellín,
con sus chistes, ganó todos mis pesos
en el juego de dominó, y en cada frase,
dice "hijo de puta",
llena de asaderos y paridas y carajos,
y los negros con sus sonrisas blancas...

Las montañas se acercan; plaza de ferias
con Juan Rulfo y su "Gallo de Oro", negros caballos,
vacas blancas, techos rojos de ladrillo, yeguas...
mezclados todos con el verdor del valle.

Caldas and its broken sky
Wire-lined;
In the distance, the blueness reflects itself on the mountains;
Last night, an old woman was walking the streets
Murmuring a litany to Don Gregorio Hernandez
From the land of palms.

Cities by Night

Oncoming headlights from above,
Dangerous curving roads unmaintained;
Clouds embrace vehicles
With flickering yellow lights
Seemingly saying "I also exist!"
In the midst of this nocturnal Columbian darkness.

The *vallenato "La colombina"* resounds;
the downpours uproot the trees
fallen on the road
and from within
all this I see
watching the festive people...

Bogota

Bogota
9 pm
Sunday

The penetrating odor of the streets after a rain storm,
An old Indian covering himself with his poncho,
Prostitutes resting behind a red window,
Two homosexuals hiding in the shadows of a church...

Caldas y su cielo roto, la cola de alambre;
lejos, el azul refleja sus tintes en las montañas;
anoche, la vieja andaba sola murmurando
su letanía a Don Gregorio Hernández
de la tierra de las palmeras....

Ciudades de noche

Luceros arriba, las peligrosas curvas
de los caminos montañosos sin reparar;
las nubes que abrazan los vehículos
con sus luces amarillas,
parpadeando
llegando
a estas ciudades de noche,
mezclando luces con luces
que gritan "¡Yo también existo!"
en medio de la oscuridad
de esta noche colombiana.

Suena fuerte el vallenato de "La Colombina";
los aguaceros desarraigan los árboles
caídos en el camino
y yo adentro
viendo todo esto
viendo a la gente festiva .....

Bogotá

Bogotá
a las nueve de la noche
domingo

el olor penetrante de las calles después de un aguacero,
el indio viejo envuelto en su ruana,
las prostitutas descansando detrás de la ventana roja,
dos maricas que se esconden en las sombras de una iglesia...

Bogota
9 pm
Sunday

Streets smelling of solitude
Empty mini-buses on 7th Street
Four policemen checking a dark alley,
The watchmen preparing themselves for another long night...

Bogota
9 pm
Sunday

Street children sitting on the doorstep of a pastry shop,
A streaker stalking three women,
The night's blackness lighted by the yellow lights
Of this restless city...

Bogota
9 pm
Sunday

A drunken homeless old woman lying on her cardboard bed,
Dreaming of a native utopia,
The old poet in his farm
Contemplating on verses about a prisoned city,
The actor of Teatro Candelaria feeling an emptiness
After a successful performance...

Bogota
9 pm
Sunday

The *sardinos* on 59th Street
Drunk after their first gulp of *aguardiente*,
The man from the coast eating his *tamal*,
Commenting about the national beauty contest
Showing *El Espectador's* colored pictures
Of half-naked contestants,
As his companion laughs maliciously
While drinking his red wine slowly...

Bogota
9 pm
Sunday

Bogotá
a las nueve de la noche
domingo

las calles huelen a soledad,
las busetas vacías de la carrera séptima,
cuatro policías rondando una calle oscura,
los celadores preparándose para otra larga noche...

Bogotá
a las nueve de la noche
domingo

los gamines sentados en la puerta de una pastelería,
un piropo persiguiendo a tres mujeres,
la noche negra encendida por luces amarillas
de esta ciudad intranquila...

Bogotá
a las nueve de la noche
domingo

la vieja borracha acostada en su cama,
soñando con utopías indígenas,
el viejo poeta en su finca,
pensando en versos de una ciudad encerrada,
el actor del Teatro Candelaria sintiéndose vacío
después de una noche de éxito...

Bogotá
a las nueve de la noche
domingo

los sardinos en la calle cincuenta y nueve,
borrachos después de su primer aguardiente,
el costeño comiendo su tamal,
haciendo comentarios sobre las participantes
del concurso nacional de belleza,
medio desnudas en fotos de color,
en el diario *El Espectador*,
mientras su amigo con vainas y carajos
lentamente sorbe su tinto...

Bogotá
a las nueve de la noche
domingo.

Night In La Esmeralda

Black is the silence of November.
The old watchman whistles
As he walks the streets.

The barrio's residents sleep restlessly.
Silence: sad, like death.

Outside, in space,
And in it the fleeting sound
Of a noisy jet.

In the distance, the serene whistle
Of a passing train.

Dawn.
A rooster crows his *vallenato.*

The night watchman whistles alone
In this black silence of November.

Towns Of Mexico
(*to Ramon Terrazas Muñoz*)
Mexico, 1998

What a joy to see my Mexican brothers
In these towns: Chapala, Tequila, Guadalajara!

How majestic are the magnificent buildings of the city
And the Aztec pyramids!

So similar to the Philippines, this brotherhood,
The courtesy, the honesty...

The Mexican soul is Philippine,
Half-breeds creating new nations.

And I long to return and breathe in
The emotional history of this race

Linked in a hispano-indigenous brotherhood.

Noche en Barrio La Esmeralda

Negro es este silencio de noviembre.
El viejo celador silbando, caminando
las calles del barrio.

Duermen intranquilos los residentes.
El silencio: triste, como la muerte.

Afuera, un espacio
y en ello el ruido fogoso
de un avión vicioso.

En la distancia, el silbido sereno
de un tren pasajero.

Un gallo canta
su vallenato de madrugada.

Silba el solitario celador
en el negro silencio de noviembre.

Pueblos de México
(a Ramón Terrazas Muñoz)
México, 1998

¡Qué alegría ver a mis hermanos mexicanos
en estos pueblos de Chapala, Tequila, Guadalajara!

¡Qué majestad en los edificios magníficos de la ciudad
y las pirámides de los aztecas!

Las semejanzas con Filipinas, la hermandad,
la cortesía, la honestidad...

El alma mexicana es el alma filipina,
el mestizaje que ha creado una nación.

Y mi anhelo de volver para respirar
la historia emocionante de esta raza

vinculada en una hermandad hispano-indígena.

Argentina

(To the Argentinian nation, defending the Falklands from the British military invasion)

Argentina, land of courageous gauchos,
Argentina, land of the passionate tango,
Gentle land, cradle of strong and honest men.

The silence of the serene pampas,
An undisturbed silence
A silence of peace.

Suddenly, shouts are heard
Breaking the silence,
Shouts of pirates from the high seas,
Shouts of war that threaten
The unalterable silence.

Descendants of the pirate Drake
Reckless men planting seeds
Of abomination
In these sacred lands.

But you, Argentinians, won't permit
Your altars to be profaned.
Show these invaders that defending
The motherland is a sacred duty,
That blood spilled for your country
Will not be in vain!

Defeat and humiliate these invaders
With your victories.
Show them that even in loss,
Your spirits will soar
And cry out: "Argentina, Argentina!"

Argentina

(Al pueblo argentino, en la defensa de las Islas Malvinas y su patria contra la invasión militar de Inglaterra.)

Argentina, pueblo de gauchos bravos,
Argentina, pueblo apasionante del tango,
gentil tierra, vientre del que nacen
hombres fuertes y honrados.

De las pampas tranquilas un silencio,
un silencio imperturbable,
un silencio de paz.

Pronto se rompe la paz con gritos,
gritos de piratas de alta mar,
gritos de guerra que estremecen
el silencio impasible.

Descendientes del pirata Drake,
hombres sin freno
aparecen para sembrar abominación
en tierras consagradas a Dios.

Pero Argentina, tú no permitirás
que profanen tus altares.
¡Muestra que la defensa de la patria
es sagrada, que la sangre derramada
para la patria
no será en vano!

¡Que caigan y se humillen
esos invasores frente el triunfo
del pueblo argentino!

Y aunque perdáis,
Vuestros espíritus ascenderán
Para aplaudir "¡Argentina, Argentina!"

Poesías filipinas
❧
Philippine Poems

Philippines 2000

I return
I'll return
I always return
I'll always return
To these islands
To my island
To live
To relive
And to die.

In this beloved and adored motherland
Despite her defects
It is my motherland

Manila, November 2000

Palawan 1982
(For Ma Ling, Tay Manit, Tio Irineo, Manang Ni and Manang Ruby)

The road to the ocean
Always towards the ocean
Where waves pulsate
With the fragile lights
Of the stars
In a night of owls and cicadas.

Palawan, where coconut trees
Raise their arms to God
And fishermen waiting
Patiently for their daily catch.

A country road,
Aged wooden bridges.
Gigantic *narra* and *ipil* trees,
Green rivers
Opening up to the blue sea.

Filipinas 2000

vuelvo
volveré
siempre vuelvo
siempre volveré
a estas islas,
a mi isla,
para vivir,
revivir,
y morir.

en la patria querida
y adorada
a pesar de todos
sus defectos
es mi patria.

Manila, noviembre 2000

Palawan 1982
(Para Ma Ling, Tay Manit, Tio Irineo, Manang Ni y Manang Ruby)

Camino del mar,
siempre al mar,
donde sus olas palpitan
con las luces frágiles
de las estrellas
en una noche de cigarras y búhos.

Palawan, donde los cocoteros
alzan sus brazos a Dios
y los pescadores esperando
con toda paciencia
los peces de cada día.

El camino rústico
de puentes antiguos,
de madera vieja.

Passing through a barrio
Then a deserted road
And again, the sea.

Dialogues: God, the bible,
Politics...
People corrupted by the world
Stereotypes repeat themselves...
Jealousy, greed, exploitation

People living without understanding
The meaning of life.

Dialogues, dialogues
That later die with the stars
Of the night.

Then silence,
A monologue,
A monologue with God,
Because God is quiet
And only answers with
His days and nights,
With the passage of time,
Quietly;

Sometimes hurriedly
And restlessly.

Everything is quiet now.
Tomorrow, we return to Puerto Princesa
Going through the same roads,
The same fishermen's villages,
The same old bridges,
Made of *ipil* and *narra*.

And then, an adieu
Or a "see you again"
To another Philippine province,
Another memory,
Another poem.

Gigantescos árboles
de ipil y narra,
ríos verdes
abriéndose al mar azul.

Ahora un barrio,
después el camino desierto.
Y otra vez, el mar.

Diálogos: se habla
de Dios y de la biblia,
y después, de asuntos políticos,
de la gente corrompida de este mundo
donde en todas edades
se repiten estereotipos
de gente envidiosa
gente trabajada

gente que sigue viviendo
sin comprender
su razón de vivir.

Diálogos, diálogos
que luego mueren
con las estrellas,
estrellas de la noche.

Luego cae el silencio,
silencio de un monólogo,
un monólogo con Dios.

Porque Dios es silente
y responde con sus días y noches,
con el tiempo que pasa,
con sosiego;

otras veces con prisa
e inquietud.

Todo es silencio ahora.
Mañana, marchamos para Puerto Princesa
pasando por los mismos caminos,
los mismos barrios de pescadores,
los mismos puentes viejos,
con maderas antiguas de ipil y narra.

Reunion
(For Edmundo Garcia)

Where were you all these years, tocayo?
Travelling like me in cities of Europe,
Latin America and even Africa?
In search of what?

Sanctity?
Everlasting happiness?
Social justice?

Here we meet again
We have returned to the motherland
Pendulum
Vicious circle
Like the river of Heracles.

We are no longer what we were:
Idealists.
But like changing streams
Everything changes
Nothing is constant.

Remembering those vibrant revolutions
The perpetual search for a romantic Utopia
Admiring heroes of the past:
Guevara, Sandino, Trotsky, Marti.

Let tomorrow's hopes rise again!
History and the glorious past
And even others, the marginal ones:
The poets who lament
The poets who protest
The poets who sing
Songs of peace, love and hope.

Después, un adiós
y un hasta la vista.
A otra provincia filipina,
otro recuerdo
otro poema.

Reunión

(A Edmundo Garcia)

¿dónde estabas estos años, tocayo?
¿paseando como yo en ciudades europeas,
latinoamericanas, y hasta africanas?
¿en busca de qué?

¿de la santidad?
¿de la eterna felicidad?
¿de la justicia social?

aquí nos encontramos;
hemos vuelto a la patria:
péndulo
círculo vicioso
cual río de heráclito...

ya no somos lo que antes éramos:
idealistas,
cual un río inconstante...
todo cambia,
nada es permanente...

recuerdos de esas revoluciones palpitantes,
la búsqueda perpetua de una romántica utopia
aclamando a esos héroes de los siglos pasados
Guevara, Sandino, Trotsky, Martí...

¡que resucite esa mañana de esperanza!
la historia y las cenizas gloriosas
y los demás, hombres marginales,
los poetas que lamentan,
los poetas que protestan,
los poetas que cantan
canciones de paz, amor y esperanza...

Together again.
Together after 17 years.
When as young men we laughed
Below the statute of Joseph the Carpenter

We laughed in the Hundred Islands
With our ACIL comrades.

Together again
Remembering our youth
And dreaming more dreams.

Manila, 1982

ahora juntos otra vez,
en esta reunión después de diecisiete años,
cuando jóvenes reíamos a los pies de la imagen
del carpintero San José,

cuando jóvenes idealistas reíamos juntos
con los camaradas del ACIL
en aquellas cien islas...

ahora juntos otra vez
en esta reunión
recordando risueños
y soñando más sueños.

Manila, 1982

Birthday

Already 35. Getting there. The gradual preparation
Towards non-existence. Would it it have been better
Not to be born at all? A sadness. A longing.

Imprisoned. Imprisoned by fantasies,
Imprisoned by fears,
Imprisoned by false rumours.

What is the meaning of existence?
Or non-existence?
I searched. I found.
In all this confusion.

Arretez. Pas possible.

Life goes on.
Another negativeness.
And another.

The sun is out.
Eveyone's preparing
To celebrate at the beach
Barbecues, green mangoes, *bagoong.*
And I'm the center of attraction.

At this age where
There's no turning back:
the point of no return.

Cagayan de Oro, 30 December 1977

Cumpleaños

Ya 35. El decaer. La gradual preparación
de la no existencia. ¿Hubiera sido mejor
nunca haber nacido? La tristeza. El anhelo.

Preso: preso de mis fantasías,
preso de mis temores,
preso de falsas rumores.

¿Qué quiere decir la existencia?
¿O la no existencia?

Lo busqué. Lo encontré.
En toda esta confusión.

Arretez. Pas possible.

Y hay que seguir.
Otro no.
Y otro no después.

Sale el sol.
Preparan todos
para celebrar en la playa
con *inihaw* y *manggang hilaw*

y *bagoong*
y en medio estoy.

En aquella edad donde ya
no se puede volver atrás:

the point of no return.

(*Cagayán de Oro, 30 de diciembere 1977*)

Philippine Rains

Rains falling gently
Look at me and tell me...
My longings?
Do you keep my longings?

These meaningless words
Pasted existence
Anguish painfully caught
Hungry: I alone
In this reflected effort
For soft inspiration
That smells of tobacco

comic anguish
land sun yellowed
green breezes
white flowers floating in ether
smiling perplexity
lost rhythms
empty poems

Trees silently whispering
Tears are these rains
Falling gently

Madrid, 1967

Lluvias filipinas

Lluvias que caen. Gentilmente.
Mírame y dime...
¿Mis anhelos?
¿Guardas mis anhelos?

Estas palabras sin sentido.
Son pastas de una existencia.

Rebatada angustia, con dolores
hambrientos: solo yo
en un esfuerzo reflejado
por esta blanda inspiración
que huele a tabaco;

angustia cómica,
tierra amarilla por el sol,
brisas verdes,
blancas flores flotando en el éter,

perplejidad sonriente,
rimas perdidas,
poesías vacías,
árboles silenciosamente
susurran.
lágrimas
son estas lluvias
cayendo gentilmente.

Madrid, 1967

Karvina,
2003-2004

Slavic Women

The poet salutes these women:
Blonde, floating hair
Like leaves of autumn.
—*Dobre den!*
Ah, what lips divine,
Azure eyes, and they move
So rhythmically...
—*Nascle!*

Ah, how beautiful are
These Czech women!
Sweet, divine, dreamy
So kissable with their
Red lips.

Slender, happy
In their youth,

Delirium and delight
Of this poet.

Karvina of the miners

Unemployment
of these old miners
sitting non-stop in the bars
to get drunk.

Drunken miners
of this mining town,
Karvina of the miners,

Mujeres eslavonas

El poeta saluda
a estas mujeres:
cabellos rubios,
flotantes,
cual selvas de otoño.
—*Dobre den!*
con sus sonrisas divinas,
ojos azules, suave ritmo
de sus movimientos,
—*Nascle!*

Ay, iqué bellas
son estas checas eslavonas!
Dulces, divinas,
Besos y ensueños
en sus labios rojizos.

Esbeltas, alegres
en su juventud,

Delirio y delicia
de este poeta.

Karvina de los mineros

El paro, el desempleo
de estos mineros viejos
que se sientan
en los bares *non-stop*
para emborracharse.

Mineros borrachos
de este pueblo minero,
Karvina de los mineros,

Karvina, frigid town
of crazy women
flirting in bars
and when the night ends
say good-bye
and disappear

as if they were alleghorical phantasms
in a fairy tale.

Crazy Czech Women
For Andres Gimenez

Half-whore dwarves
With smiles and promises
Exuding sensuality
Intoxicating bodies

And after all,
They leave you in the cold,
Autumn nights
Autumn of drunks,
Far away from the tranquility
Of the Mediterranean sea
Or the Pacific ocean,

Castigated and destined
To be here
In this crazy place
A savage land
Punished by God and the Devil.

Karvina, pueblo frío
de mujeres locas
que en los bares
coquetean
y cuando se acaba la noche
se despiden,
se retiran

como si fueran fantasmas alegóricos
en un cuento de hadas.

Locas checas
Para Andrés Giménez.

Medio putas cual enanas
con obsequios y promesas,
bailes sensuales,
cuerpos intoxicantes,

y después de todo,
te dejan frío
en noches de otoño,
otoño de borrachos,
lejos del mar tranquilo,
mar Mediterráneo,
mar Pacífico,

castigo y destino
permanecerse

en esta loca tierra,
tierra desafinada,
tierra castigada

por Dios y el diablo.

Remembering Lost Loves

I'm a crazy old man now,
A poet blinded by silly illusions.
Songs and hopes,
Nothing more but fantasies,
Laughs and smiles,
Painful, grotesque,
From the subconscious souls
Of lost loves
And the happy days.

There's nothing left
Of those memories,
Victims of fate.
The women that got away
The lips I couldn't kiss,
The past that was,
A past of lost loves.

Retreat

The traveller retreats to rest,
A spiritual rest
With the silence of the mountains,
With the peace of the ocean,
With God in nature's trees,
With the sun of this northern country,
Its cold rains...
Mystic God
In your silence
You are radiant, majestic,
And I, a poor traveller,
Looking for your hidden face
As I gaze at this great ocean,
Contemplating your splendour and glory.

Vancouver, 2003

Recuerdos de amores perdidos

Soy un viejo.
Soy un loco.
Poeta ciego.
Ilusiones tontas.
Cantos y esperanzas.
Nada más que fantasías,
risas y sonrisas,
dolientes, grotescas,
de almas inconscientes,
de amores perdidos,
y dulces tiempos idos.

Nada más se queda
de aquellos recuerdos del pasado,
recuerdos cual víctimas del hada.

Mujeres que rehusé,
Labios que no besé.
El pasado que fue;
El pasado de amores perdidos.

Retiro

El viajero se retira para descansar,
un descanso espiritual
con el silencio de las montañas,
con la paz del mar,
con dios en la naturaleza,
de los árboles,
del sol de este país nórdico,
sus lluvias frías...
dios místico
en tu silencio
estás radiante, majestuoso,
mientras yo, el pobre viajero,
buscando tu cara escondida,
miro al gran mar,
para contemplar tu esplendor y gloria.

Vancouver, 2003

ÍNDICE

Poems of a Traveller, 1965-67/ *Poesías De Un Viajero, 1965-67*

Colombian, Mexican and Argentinian Poems/ *Poesías colombianas, mexicanas y argentinas*

ABOUT THE AUTHOR

Edmundo Farolán is presently the Editor of Revista Filipina (http://members.aol.com/efaro26164/revista.html) and Review Vancouver (www.reviewvancouver.org). He is the author of six collections of poetry: *Lluvias Filipinas* (Madrid, 1967), *The Rhythm of Despair* (Manila, 1975); *Tercera Primavera* (Bogota, 1981); *Oh, Canada!* (Toronto, 1994); *2000 versos* (http://members.aol.com/iraya/2000.html) and *Nuevas Poesías* (http://members.aol.com/efaro26164/nuevaspoesias.html). He received his Bachelor of Arts degree from Ateneo de Manila University in 1964, a Master's degree from the University of Toronto in 1969, and a Ph.D. from Bowling Green State University in 1973. He taught Spanish at the University of the City of Manila and the University of the Philippines between 1978 and 1983. From 1983 to 2005, he has taught at various universities around the world: The Czech Republic, Thailand, China, USA and Canada. He has published three textbooks: *Gramática y Práctica, Literatura Filipino-Hispana*, and *Español Intermedio*. He was also commissioned by the Argentinian Embassy in Manila to do a Tagalog translation of the Argentinian novel *Don Segundo Sombra* by Ricardo Guiraldes. His translation was published in 1979. In 1981, he was given a grant to do Postdoctoral work at the Instituto Caro y Cuervo in Bogota. He was awarded the Premio Zobel in 1982, and in 1983, he was admitted to the Academia Filipina de la Lengua Español Correspondiente a la RAE. His plays include two historical dramas, *Rizal* and *Aguinaldo*; a one-act play, *The Caged Dream*, which was presented at the Vancouver Fringe Festival in 1993; and *The Bureaucrats*, a play inspired by Spanish playwright Antonio Martínez Ballesteros. He has three unpublished novels: *Roman- Roman, Palali*, and *Diary of a Filipino*.

SOBRE EL AUTOR

Edmundo Farolán es Director de Revista Filipina (http: //members.aol.com/efaro26164/revista.html) y Review Vancouver (www.reviewvancouver.org). Es autor de seis ediciones de poesía: *Lluvias Filipinas* (Madrid, 1967), *The Rhythm of Despair* (Manila, 1975); *Tercera Primavera* (Bogota, 1981); *Oh, Canada!* (Toronto, 1994); *2000 versos* (http://members.aol.com/ iraya/2000.html) y *Nuevas Poesías* (http://members.aol.com/ efaro26164/nuevaspoesias.html). Recibió su Bachillerato en el Ateneo de Manila, su Licenciatura en la Universidad de Toronto, y el Doctorado en la Universidad de Bowling Green. Enseñó en el Ateneo, Pamantasan ng Lunsod ng Maynila y la Universidad de Filipinas en los años 1974-83 y después a varias universidades en Europa, Asia y Norteamérica. Ha publicado tres libros universitarios: *Gramática y Práctica*, *Literatura Filipino-Hispana*, y *Español Intermedio*. En 1979, fue comisionado por la Embajada Argentina en Manila a hacer una traducción tagala de *Don Segundo Sombra* por Ricardo Guiraldes. Su traducción fue publicada en el mismo año. En 1982, fue otorgado el Premio Zobel y en 1983, admitido como miembro de número en la Academia Filipina de la Lengua Española. Correspondiente a la RAE. Ha escrito obras de teatro: *Rizal,* publicado en 1997, *Aguinaldo*, *The Caged Dream*, dirigido por Ross Pink en el Vancouver Fringe Festival (1993), y *Los burócratas*, inspirado por *Farsas Contemporáneas* de Antonio Martínez Ballesteros, y estrenado en San Francisco State University en 1974. Tiene varios cuentos cortos, otras obras teatrales, y novelas hasta ahora inéditas: *Roman-Roman*, *Palali*, y *Diary of a Filipino*.

Carayan Press

PO Box 31816
San Francisco, California
94131-0816

e-mail
carayan@carayanpress.com

www.carayanpress.com

e-zine
Literary Well / Pozo literario

other titles

Sueños anónimos/
Anonymous Dreams
Edwin Agustín Lozada

Bosquejos / Sketches
Edwin Agustín Lozada

Poemas de erosión/
Poems of Erosion
Mariano Zaro

forthcoming books
by
Cristina Querrer
Mara Matsumura